INVENTAIRE
M 24.928

156

AF263952

THÉATRES

DE

GUERRE DE L'AUTRICHE

ET DE LA RUSSIE

DANS LA TURQUIE D'EUROPE.

Par M. F. de Ciriacy,

MAJOR AU SERVICE DE PRUSSE.

PARIS.

F. G. LEVRAULT, LIBRAIRE-ÉDITEUR,

RUE DE LA HARPE, N. 81 ;

MÊME MAISON A STRASBOURG ;

ET A BRUXELLES LIBRAIRIE PARISIENNE,

RUE DE LA MADELAINE, N. 438.

M DCCC XXVIII.

M

M

THÉATRES

DE

GUERRE DE L'AUTRICHE

ET DE LA RUSSIE

DANS LA TURQUIE D'EUROPE.

24928

PARIS. — IMPRIMERIE ET FONDERIE DE G. DOYEN,
RUE SAINT-JACQUES, N. 38.

THÉATRES

DE

GUERRE DE L'AUTRICHE

ET DE LA RUSSIE

DANS LA TURQUIE D'EUROPE.

Par M. F. de Ciriacy,

MAJOR AU SERVICE DE PRUSSE.

PARIS.

F. G. LEVRAULT, LIBRAIRE-ÉDITEUR,

RUE DE LA HARPE, N. 81;

MÊME MAISON A STRASBOURG;

ET A BRUXELLES LIBRAIRIE PARISIENNE,

RUE DE LA MADELAINE, N. 438.

M DCCC XXVIII.

AVERTISSEMENT.

DU TRADUCTEUR.

Si la guerre de la Russie contre les Turcs est un événement auquel le public prend en général un grand intérêt, ce sentiment doit être partagé surtout par les militaires qui, ayant le goût de leur métier, trouvent dans cette lutte l'occasion de faire une application continuelle des principes fondamentaux de l'art de la guerre ; rien ne saurait être plus utile que d'avoir, dans ces circonstances, des notions topographiques et statistiques sur le théâtre de la guerre. Tous les militaires qui ont parcouru l'empire ottoman, ou qui l'ont étudié, se sont empressés, depuis l'insurrection de la Grèce, de nous faire part du fruit de leurs travaux et de leurs observations. Nous leur sommes redevables, en France, de trois bonnes cartes et de plusieurs écrits d'une importance et d'un mérite divers ; mais on regrettait généralement qu'aucun mémoire, rédigé dans des vues purement militaires, n'eût encore paru. L'accueil mérité qu'ont reçu dans le temps les écrits de M. le capitaine d'artillerie Pertusier, les courtes observations du général Tromelin, du général Dubourg, de M. Milon Gilbert, et même la traduction de l'ouvrage du lieutenant-colonel anglais Evans, sur les projets de la Russie, nous a engagé à donner la traduction de celui-ci, qui est extrait d'un ouvrage plus étendu, publié en Prusse en 1822, par M. le major Ciriacy, sous le titre *d'Essai d'une description topographique, statistique et militaire de l'empire ottoman.* Nous avons pensé qu'il ferait connaître, sinon la totalité du théâtre de la guerre, du moins la partie la plus essentielle, celle sur laquelle sont maintenant fixés tous les regards de l'Europe. Le nom de l'auteur, la réputation qu'il s'est acquise par son savoir dans l'armée prussienne, les éloges que nous avons entendu donner à son travail par les journaux français les plus compétents pour en juger, nous sont un sûr garant que les officiers de l'armée nous sauront gré de l'avoir fait connaître.

Paris,   novembre 1828.

Général Ravichio.

INTRODUCTION.

L'Europe a plus que jamais les yeux fixés sur la Turquie ; la question de savoir si la chute de l'empire Ottoman, prédite depuis long-temps, est encore éloignée, occupe de nouveau l'attention générale, depuis que la Russie, sa plus grande ennemie, lui a déclaré la guerre.

Il ne s'agit cependant point ici de parler des conjonctures politiques qui peuvent détourner cette guerre, ou qui pourraient avoir de l'influence sur ses suites ; on se propose seulement de présenter les notions que bien des personnes, celles surtout qui mettent quelque importance à la lecture des journaux, désirent sur la nature du théâtre de la guerre, ainsi que sur les principaux rapports qui se rattachent aux opérations militaires, afin de les orienter et de fixer leur opinion sur les événements possibles.

Ce plan excitera peut-être, au premier abord, la critique de ceux qui s'attendent à trouver dans cette brochure des renseignements topographiques étendus, et des vues stratégiques ordonnées systématiquement pour tous les cas possibles, avec un profond savoir ; mais on doute qu'on puisse facilement se procurer les matériaux nécessaires pour un travail de cette nature, car ils sont très-rares, et ce n'est point pour ceux des lecteurs qui en ont la possession que ces feuilles ont été écrites.

L'empire turc s'étend sur l'Europe, l'Asie et l'Afrique : il présente une superficie de 54,000 milles carrés environ, sur laquelle vivent trente millions d'habitants. Dans cet espace, les provinces d'Europe n'occupent que 9,000 mlles carrés, sur lesquels vivent dix à onze millions d'habitants ; l'Asie contient 24,000 milles carrés et onze millions d'habitants ; l'Afrique, savoir, l'Égypte et les royaumes tributaires de la Turquie, comme Alger, Tunis et Tripoli, a une surface de 21,000 milles carrés, et une population de neuf millions d'habitants.

Les habitants de la Turquie d'Asie et d'Afrique sont, pour la plupart, mahométans. Ce n'est qu'en petit nombre qu'on trouve sous la domination de la Porte en Asie, des Grecs, des Arméniens : il y a aussi quelques Juifs.

Parmi les sujets de la Turquie européenne l'on compte deux millions de Turcs, trois millions de Grecs et Albanais, un million de Bosniaques, dix-huit cent mille Serviens, quinze cent mille Bulgares, quinze cent mille habitants en Moldavie et en Valachie.

Les principales forces de l'empire, eu égard seulement aux individus qui professent la religion mahométane, se trouvent en Asie et en Afrique : les musulmans n'ont en Europe qu'un établissement militaire.

Les provinces turques d'Europe forment une grande péninsule qui est généralement montagneuse, à l'exception de la Moldavie et de la Valachie.

La principale chaîne de montagnes de la Turquie d'Europe paraît être une continuation des Alpes : elle est désignée sous la dénomination d'Alpes dinariques, en Bosnie ; et plus loin, elle prend l'ancienne dénomination grecque, d'Hæmus, et en langue turque de Balkan (nom générique que les Turcs donnent aux montagnes) : la chaîne se prolonge de l'ouest à l'est, et se termine à la mer Noire.

Les sommets, ou points plus élevés des Alpes dinariques, ont à peu près sept mille pieds de hauteur au-dessus de la mer ; ceux du Balkan, entre Prisrend et Sophia, ont neuf mille pieds d'élévation. A l'est de Sophia, la crête de cette chaîne de montagnes s'abaisse jusqu'à trois mille pieds et au-dessous. Des chaînes secondaires nombreuses, et plus ou moins remarquables, projettent, vers le nord et vers le midi de la principale, des contre-forts que séparent les torrents et les rivières dont ils renferment les sources. Les eaux qui roulent vers le nord trouvent leur débouché dans le Danube, qui coule dans une grande vallée parallèle au Balkan.

La chaîne du Balkan divise la péninsule turque en deux versants inégaux : celui du nord s'incline vers le Danube et la Save, dans lesquels s'écoulent ses eaux ; celui du sud s'abaisse vers la mer, qui reçoit toutes les siennes.

Les Turcs n'auraient pu ni dû franchir ce mur élevé par la nature, si les guerres des puissances chrétiennes entre elles ne leur en eussent frayé le chemin.

Dès que les Turcs furent en possession des points culminants du pays, ils devinrent aussitôt maîtres des provinces riveraines du fleuve qui coule vers le nord. Aucun effort de l'Europe centrale ne put arrêter leurs progrès; et, quoique leurs défaites, à partir de celle qu'ils éprouvèrent devant Vienne, aient été nombreuses et importantes, on ne leur a néanmoins enlevé, ou plutôt repris, que la Hongrie intérieure et le Bannat, et on n'est parvenu à les repousser que jusqu'à la Save et à Belgrade. Il y a plus, la Bosnie et la Servie, qui jadis formaient des royaumes, sont restées sous la domination ottomane, quoique la population de ces pays soit généralement chrétienne.

Ces résultats d'ailleurs insignifiants de plusieurs victoires des chrétiens semblent être les suites de la décadence manifeste qui affecte depuis quelques siècles l'empire turc. La perte de l'ancienne prépondérance de cette nation, de son énergie belliqueuse, a peut-être été occasionée aussi bien par la grande extension de cet empire que par l'influence de la position et de la nature du théâtre de la guerr e.

Quant aux ressources de cet empire, l'on ne saurait mettre en doute que de tout temps elles n'aient été considérables, cette puissance ayant toujours pu mettre sur pied des forces très-nombreuses et les maintenir au complet, même après de grands revers.

Les armées turques furent presque toujours beaucoup plus fortes que celles des puissances européennes qui leur étaient opposées. Cette disparité des forces ne cessa que lorsque les puissances d'Europe eurent de fortes armées permanentes. Cependant il est à remarquer que, depuis la bataille de Vienne en 1683, l'Autriche et la Russie se présentèrent le plus souvent seules, c'est-à-dire séparément, dans le champ des combats : elles n'ont été réunies que deux fois ; savoir, dans la guerre de 1737 à 1739, et dans celle de 1788 à 1792. Leurs armées étaient, dans la dernière de ces deux guerres, plus fortes que celles des Turcs, quoique ces derniers se fussent montrés momentanément, sur quelques points, avec des forces plus considérables contre l'Autriche ; ce qui prouve que l'on doit tenir compte de leur stratégie locale.

Il serait superflu d'entrer ici dans de plus longs raisonnements pour démontrer combien la prépondérance acquise par l'ordre, la discipline et l'art militaire, du côté des armées européennes, est susceptible de compenser la différence du nombre, entre les parties belligérantes. Aussi est-il arrivé que les Turcs, depuis des siècles, ont presque toujours succombé

dans toutes les batailles rangées. C'est dans l'igno-
rance de l'art militaire que gît principalement leur
faiblesse. Cette nation, habituée pour ainsi dire à
faire la guerre en masse, a constamment fini par es-
suyer des revers, et cet état doit en éprouver encore.

Mais, d'un autre côté, les Turcs sont vaillants
derrière des retranchements, dont ils font partout
usage, et bons pour la défense des places, dont ils
savent parfaitement apprécier la valeur des ouvrages.
C'est par là que, favorisés d'ailleurs par la nature
du théâtre de la guerre, il leur est donné de neu-
traliser quelquefois les suites de leurs défaites.

On remarquera aussi que les Turcs sont toujours en état d'opposer à la longue, à leurs ennemis, pour le moins autant de combattants qu'il est
possible à ces derniers d'en entretenir, eu égard à
la nature du climat et du terrain sur lequel s'é-
tablit le théâtre de la guerre. Ainsi le petit nombre
de troupes dont la Turquie d'Europe peut disposer,
comparativement à celles que les puissances européennes sont à même de faire agir, même déduction
faite des janissaires licenciés, ne saurait détruire
l'assertion émise plus haut.

Les plus grandes ressources des Turcs se trouvent
en Asie, et c'est de ces contrées qu'ils tirent la plus
grande partie de leurs forces ; à la vérité les troupes
asiatiques, et notamment l'infanterie, doivent être
considérées comme de la plus mauvaise espèce.

Du reste Constantinople est le point central, le grand camp de rassemblement de toutes les forces destinées à combattre; c'est le principal dépôt de guerre de la puissance ottomane.

La partie principale d'une armée turque, qu'on a comptée jusqu'en 1821, sur le pied de paix, de cent soixante-quinze mille hommes, et portée en temps de guerre à trois cent soixante - dix mille, est composée de tout temps de janissaires, de spahis, et de troupes féodales (1). Parmi ces combattants, les Arnautes (Albanais musulmans), étaient considérés comme leurs meilleures troupes. Jadis dans les armées turques on en rangeait trente mille; mais les Arnautes, ainsi que les Égyptiens, sont maintenant en grande partie employés contre les Grecs.

Les spahis, organisés et entretenus en corps réguliers, et qui présentent une force de quinze mille hommes environ, n'ont pas été, à ce qu'il paraît, compris dans la suppression des janissaires. Il en est de même du corps d'artillerie, fort de dix mille hommes : ce corps est considéré comme un des plus dévoués au gouvernement, et a rendu dernièrement des

---

(1) Ces troupes féodales se composent uniquement de cavalerie. Elles sont fournies par les feudataires, qui se divisent en deux classes, d'après leurs revenus. Les Saïms, qui ont des terres de 20 à 100,000 aspres de revenus, doivent fournir de 6 à 20 cavaliers ; et les Timars, qui en ont de 3,000 à 20,000, en fournissent de 1 à 6, selon le revenu de leur fief.

On évalue le nombre des feudataires à 45,000, donnant 125,000 sabres.

services importants au grand-seigneur dans l'affaire des janissaires.

L'organisation de la cavalerie féodale (les Saïms et les Timars) n'a pas changé non plus. Suivant les données que l'on a sur ces troupes, la force totale des contingents fournis par chaque province montait à cent quarante-cinq mille hommes, dans les temps les plus florissants de l'empire ; à présent ils sont réduits à cent mille hommes, non compris le contingent de la Bosnie, qui est considérable.

Sur ces cent mille hommes, l'éjalet de Romélie, ou, pour parler plus juste, toute la Turquie d'Europe, à l'exception de la Servie, de la Bosnie, de la Moldavie et de la Valachie, en fournit trente mille ; mais l'Asie doit en mettre sur pied soixante-dix mille.

Il faut cependant encore déduire du nombre total le contingent, peu considérable à la vérité, détaché dans la Grèce et dans quelques îles de l'Archipel.

Les parties secondaires et permanentes d'une armée turque consistaient dans les troupes particulières des pachas, dont la force montait à cinquante mille hommes environ.

Les janissaires représentaient d'ailleurs le noyau de l'infanterie turque ; leur force, en temps de paix, était de quarante mille hommes, et de quatre-vingt mille en temps de guerre. Maintenant l'infanterie organisée sur le pied européen, qui les a remplacés, est tout au plus de trente mille hommes résidants à Constantinople (1).

(1) Cette donnée n'est qu'approximative, et des renseigne-

Mais si l'on considère que les janissaires, par leur esprit séditieux n'étaient plus depuis long - temps aussi redoutables qu'ils l'avaient été, l'on soutiendra difficilement que leur licenciement ait pu affaiblir essentiellement la puissance militaire turque ; au contraire, il est probable que le gouvernement pourrait avec l'assistance des pachas, organiser encore une infanterie d'égale force, sur le pied européen, et peut-être moins mauvaise que ne l'était l'ancienne (1).

Outre cela, l'issue de la guerre dépend moins de l'organisation intérieure de l'armée que de la manière dont le grand-seigneur et ses pachas utiliseront les éléments de guerre qu'ils ont sous la main dans les provinces ; il faut voir comment ils mettront en action des forces suffisantes pour soutenir une guerre nationale.

On pense qu'il ne sera pas difficile aux Turcs de mettre en campagne cent cinquante à deux cent mille hommes, comme dans les anciennes guerres, sans avoir besoin de tenir en même temps sur pied toutes leurs forces, qui d'ailleurs sont nécessaires pour les garnisons des nombreuses places fortes qui sont en leur pouvoir.

Après ces remarques préalables sur les forces nu-

ments dignes de foi portent que le *Nizzam geddid* s'élevait au mois d'octobre dernier, à près de 48,000 hommes.

(1) On a vu dans les derniers journaux que le pacha de Bosnie organisait à l'européenne un corps de douze mille hommes.

mériques des Turcs, il convient de jeter un coup d'œil sur la nature même du théâtre de la guerre où ces troupes vont lutter.

A cet égard, il convient d'examiner en premier lieu le théâtre de guerre de l'Autriche, afin de reconnaître les circonstances et les rapports de position et de localité qui ont favorisé les Turcs, et d'établir par là la différence qui existe entre ce théâtre de guerre et celui de la Russie.

THÉÂTRE

DE GUERRE

AUTRICHIEN.

———⋙◆⋘———

Le théâtre de guerre autrichien comprend la Valachie, la Dalmatie turque et la Croatie, la Bosnie, la Servie, la Bulgarie avec les districts adjacents de la Dalmatie turque, au sud du Balkan.

Les limites, du côté de l'Autriche, sont formées au nord par la Transilvanie et la Save ; à l'ouest les frontières sont déterminées par l'Unna et la Sinna, qui arrosent la Bosnie ; au sud-ouest par la Dalmatie autrichienne et la Croatie.

Il est incontestable que la situation et la nature du théâtre de la guerre opposeraient de grands obstacles à l'invasion et aux progrès de l'ennemi.

A l'égard de la position en général , l'Autriche s'est vue constamment obligée d'avoir des armées sur différents points. Dans la guerre de 1788 à 1792 elle en avait trois : savoir, une en Valachie, une sur la Save et sur le Danube ; une troisième opérait en Bosnie.

Le corps de Valachie agissait de concert avec l'armée russe qui se trouvait dans cette contrée ; l'armée principale sur la Save et le Danube s'occupait à faire la conquête des places riveraines ; et Belgrade était l'objet principal le plus rapproché de ses opérations. Le corps de Bosnie couvrait le flanc droit de la grande armée. On ne saurait en effet, former aucune entreprise contre Belgrade, sans être maître de la Bosnie ; mais la conquête de cette province offre beaucoup de difficultés ; le pays est généralement montagneux, hérissé de forts et de places fortes, conséquemment propre à une guerre défensive.

Les points principaux à occuper sont, sans compter le grand nombre de forts, de châteaux, de palanques : Novi, au confluent de la Sanna dans l'Unna ; Dubitza, appuyée à l'Unna. Ces deux postes sont petits, mais très-forts, et ont soutenu de longs siéges ; outre cela, on trouve Kliucz sur la Sanna supérieure ; Prussacz et Banjulaka sur la Berbas. La dernière de ces villes a deux châteaux forts, deux mille sept cents maisons, quinze mille habitants, et des poudrières qui fabriquent de bonne poudre pour le pays. Traunik, sur la Lofscha, avec deux mille maisons et huit mille habitants ; Bosna-Serai ou Serajewo, au confluent de la Migliatza dans la Bosna. Cette dernière ville est en même temps la capitale de la Bosnie ; elle renferme une forte garnison turque, et compte cinquante-cinq mille habitants, qui ont de méchantes petites maisons ; elle a un château fort très-vaste, et une manufacture d'armes à feu et d'armes blanches.

Les habitants de la Bosnie vivent sous des lois qui les laissent jouir de leur liberté individuelle et de leurs droits. Ils sont traités avec ménagement par les Turcs, et paraissent se plaire sous leur domination ; conséquemment ils n'ont aucun motif de chercher à s'y soustraire ; loin de là, ces peuples considèrent l'invasion de leur pays par une armée ennemie comme nuisible à leurs propres intérêts, et n'hésitent pas à s'y opposer de toutes leurs forces. D'ailleurs, comme les Bosniaques sont bons soldats, et fournissent surtout d'excellents tireurs, on rencontre dans cette contrée la réunion de tous les éléments nécessaires pour soutenir avec vigueur une guerre nationale et défensive.

Les Turcs emploient à peu près la moitié du contingent féodal de la Bosnie, qui est de quarante-quatre mille hommes, dans les garnisons et pour la défense du pays; le reste, composé en grande partie de troupes à cheval, est destiné à renforcer l'armée active.

Cet état de choses en Bosnie, n'est pas sans influence, et réagit d'une manière avantageuse contre les efforts des Serviens, qui tendent à secouer le joug sous lequel ils sont courbés. Les Serviens, au milieu des provinces turques, ont encore à lutter contre les Bosniaques qui les avoisinent.

C'est pour cette raison que les avantages que les Autrichiens sembleraient pouvoir se promettre de l'occupation de la Servie ne produiraient pas de résultats marquants, car les Autrichiens ne furent jamais maîtres de la Bosnie, où leur base d'opérations aurait dû être assurée. Une armée autrichienne qui veut pénétrer en Turquie doit commencer par s'emparer de la Bosnie.

La Servie, à l'exception de la partie méridionale, vers les sommets des montagnes, n'est pas si généralement élevée et aride que la Bosnie; les crêtes s'abaissent, et les montagnes ne forment de ce côté que des collines couvertes de vignobles; de nombreuses vallées, en partie assez larges, renfermant des torrents, coupent en divers sens le pays; la plus longue de ces vallées est celle où coule la Morawa, rivière navigable, l'une des plus considérables de la Turquie d'Europe.

Le nombre des forteresses de la Servie est moins considérable que celui de la Bosnie. Les plus importantes sont celles qui se trouvent près du Danube, sur la route principale qui conduit à Constantinople, et sur la route de Bosna-Serai vers Nissa et Wrana.

La nature du théâtre de la guerre n'oppose pas moins de difficultés que les places pour y pénétrer; les torrents et les rivières considérables qui, de la crête principale des montagnes, s'écoulent dans le Danube, forment autant de vallées transversales qui, occupées convenablement, offrent aux Turcs une infinité de positions défensives avantageuses.

Le mauvais état des chemins forcerait le plus souvent de rester sur la route principale, et d'attaquer de front les positions; au contraire, comme les Turcs se trouvent maîtres de la chaîne principale et des têtes des vallées, ils peuvent se servir de ces communications pour menacer de flanc toutes les positions de l'ennemi qui s'avance.

A de telles inquiétudes pour l'agresseur, il faut joindre la nature du terrain qui présente beaucoup de bonnes positions, que les habitants des environs savent retrancher et défendre. Ces points barrent, soit les routes principales, soit les chemins latéraux, et sont pour le moins des camps dangereux, d'où les communications peuvent être interceptées, les convois enlevés, et les détachements isolés surpris, etc.; joignez à cela les dispositions hostiles des habitants, auxquels les moyens d'existence ne peuvent être enlevés que par la force; et la tout réuni doit rendre difficiles les dispositions nécessaires pour la formation des magasins, l'expédition des convois, et enfin la sûreté des communications, conditions principales pour faire la guerre dans un tel pays. L'ennemi ne peut donc s'avancer sans prendre mille précautions, et par conséquent sans diviser ses forces et sans attaquer des places, afin de baser solidement ses opérations et d'assurer ses progrès ultérieurs, sous peine d'être exposé à tous les accidents, à tous les revers possibles..

J'ai remarqué plus haut que les mouvements militaires sont restreints aux routes principales; à cet égard, il se présente de nouvelles difficultés: les Autrichiens, dans la direction de l'ouest vers l'est, au nord du Balkan, n'ont que deux routes qui se dirigent en Turquie, en s'écartant l'une de l'autre, ce qui donne un rapport stratégique défavorable.

Une de ces routes qui longe le Danube, est un défilé presque continuel garni d'un nombre considérable de places fortes.

Les principales de ces places sont : Belgrade, Semendria, Neu-Orsowa, fort Élisabeth, Nicopolis, Rudschuk, Giurschew et Silistrie. Plusieurs postes ou positions assez importantes se trouvent entre ces places. A proprement parler, les trois dernières appartiennent au théâtre de guerre russe.

L'importance de Belgrade sur la rive droite de la Save et du Danube, est trop connue pour qu'il soit nécessaire d'en parler ici d'une manière étendue. C'est la capitale de la Servie; elle compte trois mille maisons, vingt-quatre mille habitants, et contient une garnison turque de six mille hommes.

Belgrade est éloigné de Vienne de cent vingt-une heures de chemin; de soixante-seize de Bude ou Pesth; de vingt-deux et demie de Temeswar, et de cent quatre-vingt-cinq de Constantinople.

De tout temps les opérations des armées autrichiennes, sur ce théâtre de guerre, ont eu pour but de s'emparer de Belgrade.

Les Turcs firent la conquête de cette place la première fois en 1522, et la conservèrent jusqu'en 1689 sans interruption ; à cette époque elle passa, après un siége d'un mois, sous la domination des Autrichiens, qui étaient commandés par l'électeur de Bavière. Mais dès l'année suivante, elle tomba de nouveau au pouvoir des Turcs, après un siége de huit jours. L'explosion d'un magasin à poudre en accéléra la reddition.

En 1693, ce boulevard ottoman fut assiégé huit jours par le général autrichien de La Croix ; mais il fut délivré par les Turcs.

En 1717, le prince Eugène s'en rendit maître après un siége de deux mois, et cela par suite de la bataille de Belgrade. Les Autrichiens l'obtinrent par la paix de Passarowitz, en 1718 ; mais ils durent le rendre de nouveau en 1719 par la paix de Belgrade, les Turcs en ayant déjà commencé le siége. En 1789, les Autrichiens le reconquirent pour la dernière fois sous les ordres de l'empereur Joseph. Le général Laudon couronna par cette conquête ses beaux faits d'armes.

A la paix de 1792, Belgrade fut de nouveau abandonné aux Turcs. En 1813, cette place forte soutint un siége contre les Serviens sous le commandement de Czerni-George (1), qui en fit la conquête, rasa les ouvrages et brûla les faubourgs. A la paix de 1815 entre les Serviens et les Turcs, ces derniers obtinrent la place avec le droit d'y tenir garnison. Ils en firent relever et restaurer les fortifications qui furent considérablement augmentées. Depuis 1821, Belgrade est regardé comme une des places les plus fortes; elle se trouve sur l'extrême frontière de l'Autrichedont elle est le point de mire dans ses premières opérations contre les Turcs; elle protège, ainsi que les autres places sur le Danube, la navigation de ce grand fleuve. Cette navigation elle-même n'est pas aussi dangereuse qu'on l'a cru. Les bateliers savent éviter les rapides du fleuve de Tachtali et de Demikarpi; mais il n'y a que des bateaux autrichiens qui naviguent sur le bras principal, et le commerce serait bien plus considérable si la navigation n'était pas entravée par l'indolence des Osmanlis.

Sous le rapport militaire, les Turcs sont, par la possession du Danube, non-seulement maîtres de la rive droite, mais se trouvent aussi en état d'agir offensivement dans la Valachie contre la Transylvanie. La campagne de 1717, ainsi que

(1) Il servait avant comme sergent dans un des régiments de Croates-Autrichiens.

les guerres de 1737 à 1739, et de 1788 jusqu'à 1792, offrent la preuve que les Turcs savent tirer parti de cet avantage de position.

Dans la première de ces guerres, les Autrichiens avaient déjà pénétré jusqu'à Nissa et pris possession de cette place quand les Turcs portèrent leurs principales forces sur le Danube. Les Autrichiens furent obligés par cette manœuvre, d'abandonner Nissa pour s'opposer aux progrès des Ottomans sur le Danube. Mais le feld-maréchal autrichien comte Wallis ayant été battu en 1739 à Timok et à Krotzka, passage important entre Semendria et Belgrade, ils se virent forcés de se replier sur le Danube et de laisser les Turcs assiéger librement cette dernière place.

Une semblable diversion fut tentée d'Orsowa, par les Turcs, dans les campagnes de 1717 et 1788.

Cette forteresse est située dans une île du Danube, vis-à-vis le vieil Orsowa, également fortifié, qui appartient à l'Autriche; elle est bâtie près de l'étranglement rocheux de la vallée qui, dans cet endroit, a été taillé à pic pour former le passage connu aujourd'hui sous le nom de Porte de fer, Demikarpi, appelé autrefois *Porte Trajane*. La place d'Orsowa, qui fut au pouvoir des Autrichiens, a été régulièrement fortifiée par eux; elle est revêtue en maçonnerie et casematée. Le fort Élisabeth, qui est taillé dans le roc sur la berge droite du Danube, dépend de cette place.

Ces deux forteresses furent assiégées deux fois par les Turcs en 1788; la première fois elles furent délivrées par le combat de Kornia, mais elles succombèrent dans la dernière attaque.

Dans la dernière guerre, ces deux places soutinrent un siége et un investissement qui dura depuis l'automne de 1789, jusqu'en avril 1790. Elles ne tombèrent au pouvoir des Autrichiens que par famine; en honneur de leur valeureuse défense, les Turcs obtinrent la liberté de sortir avec trois pièces de canon.

D'Orsowa, un chemin conduit de ce côté vers la Transylvanie : c'est un défilé continuel, formant une route qui se dirige sur Carlsbourg et une autre vers le Bannat.

Les Turcs choisirent ces chemins dans la campagne de 1717, pour faire une diversion, dans la vue de faire lever le siége de Belgrade; mais le prince Eugène se contenta de faire observer les Turcs par un corps détaché, sous les ordres du général Viard, et continua le siége de cette place.

Une semblable diversion fut opérée avec succès par le pacha Jussuf, dans la campagne de 1788. Elle attira vers le Bannat toutes les forces des Autrichiens, qui furent ainsi rejetés sur la défensive.

Le successeur de Jussuf, le grand visir Kuds-chuk-Hassan-Pacha, se porta encore plus loin, et transfera le théâtre de la guerre vers la Valachie, en établissant le gros de son armée dans ces contrées. Les victoires de Foksani et de Martinjestie dérangèrent cependant ce plan d'attaque bien combiné en lui-même, et entraînèrent pour les Turcs la perte de Belgrade et des autres places riveraines, jusques et compris Widdin.

La ligne du Danube a donc la même importance défensive pour les deux puissances belligérantes. La possession des forteresses assure leurs progrès sur la route de Belgrade par Sophia vers Constantinople.

Cette route est aussi la ligne principale d'opération des Autrichiens sur Constantinople.

Les lignes partant de la Valachie vers cette capitale sont à la vérité plus courtes, mais la position des provinces autrichiennes ne permet pas de s'en servir; car les Karpathes, qui les séparent, rendent la marche des troupes et les convois des subsistances très-difficiles. Les lignes d'opération les plus naturelles des Autrichiens contre la Turquie suivent le cours du Danube. Ajoutez que les places de la Hongrie, notamment Ofen et

Temeswar dans le Bannat , ainsi que Peterwara-
dein , sont les dépôts de guerre les plus rappro-
chés. D'ailleurs ces lignes aboutissent nécessai-
rement à Belgrade ; c'est sur ce point que les forces principales de l'Autriche doivent se réunir ,
et une fois qu'elles y sont arrivées, ce sont les
circonstances qui décident s'il faut prendre
la route de cette place à Sophia, bien que
cette ligne d'opération paraisse assez difficile.

Plusieurs places fortes barrent ou inter-
ceptent cette route, elles peuvent ainsi arrêter
long-temps les progrès des agresseurs.

Parmi ces places, l'on compte le fort de
Kotindschina, outre Morawa-Czupria, Nissa,
et la Palanque de Mustapha-Pacha, Szarkoi, Za-
ribrod et Sophia.

Les plus importantes de ces places sont cependant Nissa et Sophia ; cette dernière est à
soixante-dix-huit heures de chemin de Constantinople.

Nissa, sur les deux rives de la Nissawa, sur laquelle il y a un pont en pierre de six cent pieds,
a un développement peu considérable à la vérité, mais il est fort et tient un point stratégique important ; il ne peut être investi,
et se trouve à l'embranchement des routes de
Viddin et d'Orsowa ; de celle qui arrive de la

Bosnie par Bosna-Seraj, sur laquelle se trouvent les places fortes de Viszegerad, Ussitza, Karanowatz, Krusewatz et Deligrad, et finalement de la route qui vient du midi par Uskiob, sur le Balkan et Wrana.

Wrana communique par une route avec Bosna-Seraj, qui conduit sur Novi-Bazar et Pristina. Cette forteresse est la plus méridionale de la Servie, près de l'Amsel, ou camp de Kossowa, connu par les batailles qui s'y livrèrent en 1444 et 1445.

En 1689, un corps autrichien, sous les ordres du général Picolomini, avait pénétré, conjointement avec le margrave Louis de Baden, vers Nissa; il se soutint contre un corps turc, qui s'avança d'Uskiob par Prisrenda, au pied méridional du Balkan.

La communication de Wrana à Nissa suit la vallée de la Morawa orientale, et elle est défendue par les châteaux forts de Kolumbacz et de Korvingrad.

Nissa fut de tout temps la place de ralliement ou de concentration des Turcs dans une guerre contre l'Autriche. Ses environs offrent d'ailleurs des positions convenables pour un camp retranché. Une armée battue trouve dans cette ville forte un appui, au moyen duquel elle peut encore se soutenir long-temps dans cette contrée, en se tenant sur la défensive : on en trouve la preuve dans la campagne de 1689.

Les Ottomans battus près de la Morawa, par le margrave Louis de Baden, prirent position près de Nissa, se postèrent de nouveau en avant et furent battus de rechef; ils se réunirent encore dans un camp retranché près de cette forteresse, acceptèrent une troisième bataille, où ils finirent par éprouver une défaite complète.

On négligea l'année suivante les moyens de se soutenir dans cette place, aussi fut-elle perdue sans retour pour les Autrichiens. Les victoires du prince Eugène ne la firent pas reprendre. On la regarde comme le *non plus ultra* des armées Autrichiennes.

Les bourgs entre Nissa et Sophia ne sont pas à la vérité considérables, mais leur importance dépend de l'opiniâtreté avec laquelle la guerre est conduite par les Turcs. Un bourg, quand ils le veulent, joue bientôt le rôle d'une place forte.

La position de Nissa sur une route, à côté de laquelle on ne peut passer sans s'en occuper, et qui franchit une haute montagne, ne prouve pas seulement la possibilité, mais encore l'utilité de la défense de cette place par les Turcs.

Sophia est une ville considérable, contenant huit mille maisons, cinquante mille habitants;

elle est ceinte d'un mur terrassé avec des tours. On peut la comparer, à cause de sa position au pied du Balkan, vers le nord, avec la ville de Schumla, quoique la première en soit plus éloignée que celle-ci, se trouvant à cent sept lieues de la capitale.

Près de Sophia se réunissent les routes qui viennent du midi de Salonichi, de Serès et du Danube. On ne trouve point de véritables places fortes sur ces dernières routes; celles qu'on rencontre dans l'intérieur de la Bulgarie ne sont en général susceptibles d'être défendues que par des garnisons déterminées et aguerries.

Il est certain que la ville de Sophia, et le pays environnant, offrent à une armée turque les moyens de se soutenir; cela peut même avoir lieu lorsque les Turcs ne seront plus maîtres du Danube et des routes qui de ce fleuve conduisent au Balkan. La communication directe, par Philippopolis et Andrinople sur Constantinople, deviendrait à la vérité par là dangereuse, tandis que la route méridionale qui y mène par Dubnitza et Serès resterait toujours libre; elle est même plus avantageuse que la première, car elle ne conduit pas l'agresseur par la ligne la plus courte vers la capitale de l'empire ottoman, et le met dans la nécessité de diviser ses forces en avançant.

Au surplus, ces deux routes atteignent per-
pendiculairement la Maritza, fleuve navigable
de la Thrace qui forme vers l'ouest la dernière ligne de défense couvrant Constantinople.

Lorsque l'ennemi a derrière lui la ville de
Philippopolis, peuplée de quatre-vingt mille habitants, il arrive sur Andrinople, qui est la seconde ville de l'empire, à quarante-cinq lieues
de Constantinople. La ville d'Andrinople date
du temps des Romains, elle est défendue par des
murs avec des tours, et commandée par une citadelle. Cette dernière consiste dans un carré
flanqué de seize tours rondes; elle renferme un
arsenal.

Il est à supposer qu'Andrinople sera défendu vigoureusement par les Turcs, de quelque
côté que l'ennemi cherche à s'avancer. Comme
cette ville ferme le passage de la Maritza sur la
route principale, qu'elle compte vingt mille
maisons, quatre-vingt-dix à cent trente mille
habitants, il faudrait absolument s'en rendre
maître pour poursuivre avec succès les opérations ultérieures.

Dans le cas où l'armée turque choisirait la ligne
de retraite de Dubnitza et Serès, et où Andrinople
tiendrait quelques jours, elle regagnerait le temps
qu'elle aurait perdu par ce détour pour venir

s'opposer à l'ennemi aux environs de cette ville.

Il résulte de ces considérations générales, que l'Autriche aux prises avec les Turcs, et sans s'engager dans une guerre de cordon, comme il lui est arrivé de 1788 à 1792, se trouverait dans la nécessité de mettre sur pied trois armées pour agir dans la Valachie, sur la Save et sur le Danube.

Il faudrait qu'elle donnât à ces trois armées une force suffisante, non seulement pour être indépendantes les unes des autres, mais encore pour agir offensivement. Celle du centre serait la principale. Ajoutons que si, d'après le système de la nouvelle stratégie, elle était destinée à prendre une brusque offensive et à s'occuper, non au début, mais dans le cours de la campagne, du siége des places de la Save et principalement de Belgrade, il faudrait en outre former une armée de siége.

Au surplus, le changement de frontières de l'Autriche avec la Bosnie a procuré au premier de ces états, des avantages stratégiques, pour agir surtout du côté de l'Istrie et de la Dalmatie. Il peut non-seulement attaquer la Bosnie, mais aussi les provinces méridionales du Balkan, et les mettre en insurrection, car les éléments ne manquent pas : les courageux Monténégrins ne respirent que pour la liberté, les Albanais chrétiens de ces contrées sont animés de la haine la plus invétérée contre les Turcs.

Après la conquête de la Bosnie, une partie du corps Autrichien, qui se trouverait dans ces contrées, peut être employé à cette entreprise. L'objet le plus rapproché et le plus important serait ici la prise de Skutari, fortifié régulièrement sur la Boyana avec deux forts châteaux, quatre mille maisons et seize mille habitants.

Skutari a, pour cette partie du théâtre de la guerre, une importance analogue à celle de Belgrade dans la partie septentrionale.

De Skutari les routes s'ouvrent dans toutes les directions. Les plus importantes sont celles qui conduisent vers Constantinople, éloigné de cent quatre-vingt-dix-sept lieues, et vers Salonique, qui n'en est distant que de quatre-vingt-neuf lieues; cette dernière route est proprement la plus méridionale de toutes celles qui se dirigent à Constantinople; l'autre conduit par Parna sur Uskiob, et de cet endroit sur Philippopolis, ou bien au midi par Serès dans la route de Salonique.

Un corps, qui agirait sur Uskiob et Philippopolis, pourrait par Sophia se mettre en contact avec l'armée principale qui se dirigerait de ce côté. Cependant on ne doit pas attacher trop de prix à cette coopération. Premièrement, ce

corps aurait assez à faire par lui même ; seconde-
ment il y a peu de passages directs sur le Balkan, qui est précisément ici, à sa plus grande
hauteur; et enfin la route de Skutari par Uskiob,
sur Philippopolis, est difficile aussi, et peut-être
impraticable pour toutes les armes.

De ce qui vient d'être exposé sur le théâtre de
guerre du côté de l'Autriche, il résulte que,
soit à cause de la grande longueur de la ligne
d'opération, soit à raison du rapport général de
position et de la nature du théâtre de la guerre,
la conquête de la Turquie par les Autrichiens,
à partir de la Save et de la Dalmatie, exige-
rait toujours deux ou trois campagnes, lors
même qu'ils seraient favorisés par les circonstances.

La quantité considérable de places rend
d'autant plus difficile les progrès d'une armée
d'invasion, qu'elles sont situées sur les routes
praticables, et que les Turcs ont l'habitude
de les défendre avec opiniâtreté. C'est positive-
ment en cela que consiste leur force. Ils s'éta-
blissent si bien dans une bicoque qu'ils sont
en état d'arrêter les progrès des corps entiers,
ce qui, sur ce théâtre de guerre, exerce la plus
grande influence.

Le système de laisser des places en arrière de
l'armée qui se porte en avant, de les cerner et

même de les assiéger, ne saurait être mis en pratique sans désavantage, lors même que l'on aurait le nombre de troupes nécessaire pour les réduire; cela ne ferait qu'augmenter les difficultés des subsistances et des convois.

Finalement, il est encore une circonstance qu'on oublie souvent de prendre en considération : lorsqu'il s'agit de subjuguer l'empire ottoman, on compte toujours sur ses dissensions intestines, sur la faiblesse de son gouvernement. Quand bien même cette faiblesse serait réelle, et que, par manque d'unité et de force, le gouvernement se trouverait hors d'état de rien entreprendre contre ses ennemis, il aurait en revanche l'avantage d'avoir dans les provinces pour ainsi dire indépendantes des éléments de défense très-importants, dont les Pachas tireraient en général un bon parti à cause de leur position presque souveraine Ces pachas sont, pour cette raison, toujours disposés à mettre en action tous les moyens qui sont en leur pouvoir pour se maintenir à leur poste, et défendre à outrance la vie et les propriétés des habitants.

Une marche offensive dans la direction de l'ouest à l'est contre Constantinople, en négligeant de prendre toutes les précautions nécessaires, serait très-dangereuse; et, lors même qu'elle réussirait, cela n'affaiblirait en rien la résistance vive et opiniâtre qu'opposerait sans doute cette capitale. L'armée de siége se trouverait compromise, car ce n'est que par la voie de mer qu'elle pourrait se procurer ses subsistances. Indépendamment de cela, il faudrait avoir assez de troupes disponibles pour tenir ouvertes les communications sur les derrières, et pour continuer la guerre dans les provinces.

La soumission de tout le pays ne serait pas encore assurée par la conquête même de Constantinople ; car plus les liens politiques et administratifs du siége du gouvernement sont frêles, incertains avec les provinces, moins aussi sa conquête exerce d'influence sur l'ensemble.

Lorsque les ottomans, sous la domination de Mahomet, se furent rendus maîtres de Constantinople, ils eurent encore à soutenir de longues guerres, principalement dans les provinces au midi du Balkan, pour achever leur conquête, et cependant l'empire grec de ce temps-là se trouvait peut-être dans un état plus marqué de décadence que n'est maintenant celui des Turcs. Mais, à l'égard des rapports des provinces avec le gouvernement grec, on remarquera peut-être encore plus de circonstances semblables à celles qui se rattachent aux Turcs d'aujourd'hui ; c'est pourquoi il est probable, qu'on rencontrera çà et là, une résisstance analogue à celle, par exemple, qu'opposa alors Scanderbeg.

La perte de Constantinople pourrait cependant avoir une certaine influence, parce que cette capitale renferme, outre les approvisionnements de guerre, comme armes, munitions, tous les établissements militaires nécessaires à ce vaste empire. Le manque de moyens se ferait en conséquence bientôt sentir dans les provinces, ce qui n'a pas eu lieu au quinzième siècle, où l'on se servait de préférence des armes blanches et où la cavalerie livrait les principaux combats. Cette circonstance secondaire ne saurait cependant modifier notre conclusion, savoir qu'une guerre basée à l'ouest et qui a pour but la conquête de la Turquie d'Europe, doit être absolument conduite d'une manière méthodique.

L'idée de diriger une invasion d'après la méthode de Napoléon, doit être abandonnée dans une semblable contrée; elle n'est propre en général qu'aux pays cultivés et civilisés. Ce système de guerre est à quelques égards une véritable surprise politique qui n'est pas applicable à tout ennemi, à tout pays. Napoléon en essuya toutes les funestes conséquences dans son expédition de Russie.

La conquête des places de la Save et du Danube, celle des places de la Bosnie et de Skutari, tous les progrès de l'armée jusqu'à Nissa, ou tout au plus jusqu'à Sophia, après le gain d'une grande bataille : tous ces avantages, obtenus dans une première campagne, seraient déjà un résultat très-brillant, car les victoires du prince Eugène même ne purent les produire; mais ils ne seraient pas décisifs : ils permettraient seulement d'opérer offensivement contre Constantinople dans une deuxième ou troisième campagne, et abrégeraient peut-être la résistance que les Turcs se proposeraient de faire après la conquête de cette capitale.

THÉATRE

DE

GUERRE RUSSE.

La paix signée sur le Pruth dévoila la faiblesse de la Porte, qui abandonna plus tard quelques possessions à la Russie.

Cet empire a été constamment son ennemi le plus dangereux, surtout depuis que le prince Eugène de Savoie eut fait sentir pour la dernière fois aux Turcs la prépondérance de la valeur allemande et la supériorité de l'art militaire européen sur les cohues ottomanes.

Déjà Pierre-le-Grand conquit Azof sur les Turcs. A la paix de 1739 leurs pertes ne furent pas considérables, mais celle de Kainardschi, en 1774, leur coûta tout le pays entre le Dniester et le Bug; elle assura aux Russes la libre navigation sur la mer Noire, et l'influence sur la nomination des hospodars de Valachie et de Moldavie. La Crimée, le Kuban et l'île de Thaman, que la Porte avait réussi dans cette même paix à faire déclarer états indépendants, passèrent cependant sous la domination des Russes en 1783.

La paix de Jassy, en 1792, assura complétement à la Russie la possession des mêmes contrées; indépendamment de ces cessions, la Porte dut encore abandonner le pays entre le Dniester et le Dnieper; ce ne fut que par la médiation de l'Angleterre, de la France, de la Prusse et de la Suède, que la Porte ottomane évita de plus grandes pertes, peut-être même de n'être pas dès-lors entièrement chassée de l'Europe.

A la paix de Bukarest en 1812, la Porte perdit la Bessarabie et la partie à l'est de la Moldavie jusqu'à la rive droite du Pruth. Cette rivière, et le bras méridional du Danube jusqu'à son embouchure dans la mer Noire, forment depuis cette époque la frontière des deux empires.

Cette paix offre une preuve incontestable des funestes effets des dissensions intestines et de la décadence croissante de l'empire ottoman; car jamais les Turcs n'eurent d'occasion plus favorable pour recouvrer les possessions qui leur avaient été arrachées qu'à l'époque où la Russie se trouvait engagée dans une guerre à outrance d'un autre côté. La Porte paraît avoir craint d'être anéantie par Napoléon, s'il eût vaincu les Russes. Quoi qu'il en soit de la conduite tenue par les Turcs dans cette occurrence, l'empire ottoman a vraiment cessé d'être membre actif de la fédération des états européens. Son influence politique est devenue tout-à-fait négative, d'autant qu'il s'agit de la question de l'expulser de l'Europe, de partager ses dépouilles, et d'établir un nouvel ordre de choses : problème difficile à résoudre, et qui, au reste, est étranger à notre objet.

D'un autre côté, on ne peut disconvenir que les provinces cédées par la Porte aux Russes ne se trouvent, par leurs position géographique, mieux liées au système des Russes qu'à celui de l'empire turc, et que, par leur nature autant que par leur situation naturelle, elles ne puissent être plus facilement attaquées et conquises par les Russes que par les Turcs. C'est ce qui fait que les victoires remportées par les premiers furent bien autrement fécondes en résultats que celles obtenues par l'armée autrichienne.

Ajoutons que les Russes, d'après leur esprit national et leurs idées religieuses, sont ennemis nés des Turcs, que leur nombreuse cavalerie irrégulière tient tête à la leur ; que les Russes ne sont plus étonnés de la manière de combattre des Turcs ; que leur infanterie surtout est dressée à soutenir les attaques furieuses et inattendues des Spahis et des Janissaires. La vigueur et l'audace d'un Munich, d'un Potemkin et d'un Suwarof, ont rendu le nom russe redoutable aux Musulmans : aussi les Moscovites sont-ils, sous tous les rapports, leurs maîtres dans l'art de la guerre.

L'énergie nationale des deux partis se balance, mais l'avantage est du côté du premier ; car là prépondérance des Russes sur leurs adversaires provient de la supériorité de leur intelligence dans l'art militaire et de la discipline sévère de leurs armées.

Les Turcs ont perdu leur meilleure ligne de défense en cédant à la Russie le territoire qui est sur les bords du Bug et du Dniester, ainsi que les places fortes qui s'y trouvent ; les Russes se sont procurés par cette conquête une base d'où leur ligne d'opération, en embrassant la Valachie, atteint sans rencontrer d'obstacles le Danube inférieur et le Balkan.

Maintenant il faut comprendre dans le théâtre de guerre commun aux Russes et aux Turcs la Valachie et la Moldavie, la Bulgarie et le pays qui s'étend du midi du Balkan à l'ouest, jusqu'aux routes de Philippopolis à Constantinople; la limite orientale de ce théâtre de guerre est dessinée par les côtes occidentales de la mer Noire.

Le développement de ce champ d'opérations est moins étendu en longueur et en profondeur que celui du théâtre de guerre des Autrichiens. Sa plus grande profondeur est de cent trente lieues d'Ismaël à Constantinople; la distance de Silistrie au Balkan près de Schumla est de vingt lieues, et du Balkan à la capitale de l'empire ottoman on n'en compte que cent deux.

Le théâtre de la guerre représente dans son ensemble un triangle dont la base, formée par le Danube, de Nicopolis à la muraille de Trajan, a une longueur totale de soixante lieues et dont le sommet est à Constantinople. Il faut y joindre la bande de terrein, d'environ vingt lieues de profondeur, nommé Dobrudja, dont on ne tient pas compte, et qui se trouve entre le Danube inférieur après qu'il a fait un coude vers le nord et la mer Noire. Cette étendue de pays a pour limite au midi la muraille de Trajan, qui suit la direction de Rassowa Kostendje vers la mer Noire. Le rapport stratégique est donc ici, à tout égard, plus favorable que dans le théâtre de la guerre autrichien.

Considérons en outre que les Turcs sont dans l'impossibilité de transporter le théâtre de la guerre en Valachie et en Moldavie, tant contre les Autrichiens que contre les Russes ; car les Russes en traversant le Danube inférieur peuvent s'établir sur la rive droite. Les Turcs se trouvent par ce motif dans la nécessité, au commencement de la guerre, d'évacuer la rive gauche et de se borner à la défense de la rive droite.

L'histoire des anciennes campagnes fournit la preuve complète de l'impuissance où sont les Turcs d'opposer un obstacle majeur au passage du Danube par les Russes.

En 1791, une armée russe passa le Danube près de Galatz, bâti sur la rive gauche de ce fleuve entre les bouches du Sereth et du Pruth. Quoique cette ville ne soit point fortifiée, elle a une grande importance militaire à cause du point de passage qui s'y trouve ; on la regarde d'ailleurs comme place de commerce à cause de son port ; vis-à-vis, et sur la rive droite du Danube, se trouve la petite ville de Matchin qui a deux forts châteaux. Anciennement les Turcs y prirent position pour s'opposer au passage des Russes, mais ils y furent battus.

Dans la campagne de 1809, les Russes passèrent de nouveau ce fleuve près de Galatz ; l'année suivante, ils effectuèrent leur passage à quinze heures de chemin au-dessus, près de Hirsowa, où il y a un pont de bateaux permanent.

Hirsowa n'est point tenable ; il a cependant un ancien château dont les Russes se servirent à la fin de 1809, lorsqu'en repassant en retraite le Danube, ils y établirent une tête de pont.

Les Russes eux-mêmes ont, depuis 1812, sur la rive gauche du bras du Danube qui est au nord, les places de Kilia et d'Ismaël en leur pouvoir : la dernière est située sur la rive droite du bras méridional, vis-à-vis les forteresses turques d'Isakschia et de Tulcza.

Le rôle de ces petites places en elles-mêmes est assez borné, car elles ne peuvent empêcher les Russes de passer le Danube entre elles et Galatz, et de les cerner tout aussitôt.

En 1809, ces mêmes places furent prises par les Russes, après le passage de ce fleuve près de Galatz. Leur chute entraîna celle d'Ismaël, dont la conquête avait coûté tant de sang en 1789. Tulcza doit être considéré, pour ainsi dire, comme la tête de pont d'Ismaël. Sa possession est surtout importante aux Russes, parce qu'elle les rend maîtres de toutes les bouches du Danube, et leur permet de s'établir solidement sur la rive droite de ce fleuve.

En comparant les positions réciproques des deux puissances, on reconnaît, d'un côté, la facilité qu'ont les Russes d'effectuer le passage du Danube inférieur ; et, de l'autre, le rôle borné des places situées sur le Danube supérieur : en effet, de Brahilow, Silistrie, Turtukai, Giorschuw, Rudschuk, Sistow, Turnow, et de Nicopolis, il n'est possible que de faire des incursions sur la rive gauche du même fleuve.

Brahilow, dont la population s'élève à vingt-huit mille habitants, a un château très-fort. Il est à remarquer que les Russes l'attaquèrent vainement en 1809, et qu'ils perdirent sept mille hommes dans plusieurs assauts. Cette place tomba plus tard entre leurs mains, après un long investissement.

Rudschuck est la place turque la plus importante sur le Danube ; elle renferme six mille maisons, trente mille habitants, et a des fortifications peu régulières. Elle a été attaquée sans succès de vive force, en 1810, par les Russes, qui perdirent huit mille hommes sous ses murs ; elle finit pourtant par succomber également après un long blocus.

Giorschuw, sur la rive gauche, compte dix-huit mille habitants, et s'est défendu avec beaucoup de succès, en 1790, contre le prince de Cobourg ; plus tard, en 1810, cette place tomba en même temps que Rudschuck.

Silistrie est moins fort que cette dernière, et les autres places du Danube sont encore plus insignifiantes que Silistrie.

De toutes ces places, celles de Rudschuck et Silistrie seulement ont, dans la dernière guerre, joué un rôle important; mais les Russes n'étaient pas assez forts pour pousser leurs opérations sur Schumla avec vigueur et persévérance, et pour faire face en même temps aux gros détachements turcs qui débouchaient à volonté de Rudschuk et de Giorschuw sur leurs flancs ou leurs derrières.

Comme Schumla ne pouvait être emporté, le général en chef russe Kamenskoi se vit dans la nécessité de se replier, et de repasser le Danube, pour s'opposer aux Turcs qui venaient d'être renforcés beaucoup de ce côté ; après avoir échoué dans l'assaut de Rustschuck, les Russes se retirèrent sur la rive gauche du Danube.

Cette marche rétrograde permit au grand visir de venir s'établir sur le Danube; mais, en voulant poursuivre ses succès, il éprouva une défaite totale, et l'armée turque fut faite prisonnière.

On peut inférer des observations précédentes, que les Russes, pour entrer en campagne, ont besoin de deux armées d'une force suffisante :

l'une sera employée à la conquête des places sur le Danube, et l'autre marchera sur Constantinople.

La ligne d'opération dirigée sur Constantinople, étant parallèle au littoral de la mer Noire, à l'ouest, fournira l'occasion à une escadre de seconder l'armée de terre dans cette partie du théâtre de la guerre.

Néanmoins le transport et le débarquement d'un corps de troupes un peu considérable, sur les derrières de l'armée turque, n'entreraient pas dans la coopération dont il s'agit, attendu qu'une entreprise de ce genre se combine avec difficulté, et qu'elle est sujette à tant d'événements qu'elle paraît très-chanceuse. Il serait plus convenable que les troupes de débarquement renforçassent l'armée principale.

La coopération de la flotte se bornera à favoriser l'arrivage des approvisionnements de toute espèce, à protéger quelques ports, afin que ces approvisionnements puissent être débarqués sans obstacles. Cela seul est déjà de la plus grande utilité pour faire la guerre dans un pays où l'approvisionnement des subsistances souffre tant de difficultés, et où la sûreté des communications est si précaire.

En attendant, l'on peut avancer qu'il ne se trouve que deux ports sur la côte, savoir : celui de Varna au nord, et celui de Burgas au midi du Balkan. Le premier est le seul qui puisse recevoir de grands bâtiments de guerre. La ville de Varna n'est pas sans importance; elle compte quatre mille maisons et vingt-six mille habitants, et elle est fortifiée. Un vieux château fort flanqué de hautes tours la commande.

Les Russes manquèrent de s'en emparer, pour avoir été trop exigeants : ils voulaient que la garnison se rendît prisonnière. Elle ne souscrivit point à cette condition humiliante, se mit en mesure d'opposer une vigoureuse résistance, et les Russes ne furent pas assez forts pour entreprendre une attaque décisive.

Si les convois de ravitaillement de l'armée doivent être escortés par la flotte, il est indispensable de s'emparer de Warna. Les Turcs doivent, dans les derniers temps, avoir augmenté considérablement ses fortifications.

La coopération d'une escadre déterminera sans doute le choix de la ligne d'opération : on voudra tenir l'armée de terre en communication avec l'escadre.

Les Russes peuvent traverser le Balkan par les routes ci-après, dans la supposition que leur aile droite s'étende jusqu'à Nicopolis, savoir :

1° De Nicopolis par Lofscha au pied du Balkan, et par cette montagne vers Tatar-Bazar, sur la route de Sophia vers Philippopolis ;

2° De Sistow et Rudschuck par Tirnowa et Gablowa depuis cet endroit par le Balkan et Eski-Zagra, vers Hermalis, sur la route de Philip-popolis vers Andrinople.

De Tirnowa une branche de route se dirige par Starka au pied du Balkan, et traverse le col de Demir-Kapi ; elle mène ensuite de Selimnia (Islémje ou bien Islamdji) vers la Maritza ; de-puis cet endroit, le chemin est tracé dans la val-lée de cette rivière par Jamboli vers Andri-nople.

3° De Rudschuk à Karinabad par Osman-Bazar et Kasan.

4° De Rudschuk une route tombe par Ras-grad, Eski-Djuma et Osman-Bazar dans la précédente ; elle franchit deux appendices et la chaîne principale près de Kasan.

Une branche de route passe à l'est devant Eski-Djuma, Schumla, atteint Eski-Stambul, franchit le Balkan et rencontre Karinabad au-delà de la chaîne principale.

Une autre branche de cette route, encore plus à l'est, part de Rasgrad et se rend en droiture à Schumla.

La position de Rasgrad, près de Schumla, est importante pour les Russes, à cause de sa com-munication avec Rudschuk.

5° La route principale de Silistrie sur Schumla qui tombe au midi du Balkan, près de Karina-bad, sur la route n° 4.

6° La route de Brahilow par Matchin et Is-maël, Tulcza et Karazu à la muraille de Trajan, et de cet endroit à Bazardsjik, où elle se bifur-que à l'ouest : une branche mène à Kolodoski, d'où un chemin conduit à Schumla par Pa-rawadi, et de cet endroit elle traverse le Balkan, au midi de la chaîne; l'autre branche conduit par Aidos sur Karabunar qui se trouve au midi de Karnabad.

Indépendamment de toutes ces communica-tions, il s'en trouve encore deux autres de Ba-batag à Bazardsjik et Varna. Celle de ces routes qui est à l'est, conduit à Mangalia, en suivant le littoral. De Karazu, près de la muraille de Tra-jan, une route va directement à Varna.

Karinabad et Karabunar sont donc les em-branchements des routes principales de Rud-schuk, Silistrie et Ismaël, sur le versant méri-dional du Balkan.

La route principale conduit ensuite plus loin par Fakih, Kirklissa, Czatal, Burgas, Tchorlu et Silivri à Constantinople.

Une branche de cette route, à l'est de Kirklissa, passe par Wisa, Seraj et Judjigis, et de Burgas par Midia ville maritime, longe la côte, passe

devant Wisa et aboutit également à Constantinople.

Toutes ces routes communiquent entre elles
par un nombre assez considérable de chemins
de traverse; car, ici, le pays est moins élevé et
moins stérile que dans le théâtre de guerre
autrichien; sous ce rapport aussi, l'armée qui
voudrait pénétrer en Turquie, par ces contrées,
éprouverait moins d'obstacles que du côté de
l'Autriche.

Le Balkan même, dont la base est à vingt
lieues du Danube, se trouve, aux points où les
routes l'atteignent, moins élevé et moins difficile qu'à l'ouest de leurs directions. Il peut
être comparé à une chaîne de hauteur médio-
cre de l'Allemagne ou de la France, et consiste
ici en plusieurs branches ou contre-forts séparés
par des vallées arrosées par des fleuves qui vont
s'emboucher dans la mer Noire.

Les régions les plus considérables, traversées
par des fleuves et formant des vallées intérieures
parallèles au Balkan, sont celles qu'arrosent la
Kara et l'Ake-Kamezik; ces rivières prennent
toutes deux leurs sources sur les flancs de la
chaîne principale. Celle qui coule dans la
vallée septentrionale passe tout près au midi
de Schumla. Ces deux cours d'eau se réunissent près du village de Kienprikoi et se diri-

gent ensuite sous le nom de Bujuk-Kamezik vers la mer Noire, où il a son embouchure au midi de Varna près de Star-Bachnia.

Au nord de Kamezik se trouve le Parawadi qui prend sa source dans les environs de Schumla vers le nord, passe devant Parawadi et se décharge dans la mer Noire près de Varna. Il coule également dans une vallée intérieure et parallèle à l'un des contre-forts.

Dans la direction opposée à Parawadi, on trouve les torrents de Kara et d'Ake-Lom qui prennent aussi leurs sources près de Schumla, et qui, après s'y être réunis, vont porter le tribut de leurs eaux non loin de Rudschuk dans le Danube. Les vallées du Lom renferment la plus grande partie des routes entre Rudschuk et Schumla.

Des contre-forts qui forment les berges du Parawadi et du Lom s'échappent de nombreux torrents qui courent vers la mer Noire et vers le Danube. Ces contre-forts, à leur origine, ont des versants très-rapides ; mais, à mesure qu'ils se rapprochent du Danube, ils s'abaissent et présentent des plaines hautes, sillonnées par des ravins roides et profonds, en partie incultes, en partie couvertes de vignobles ; leur extrémité vers le Danube en domine la rive gauche.

La chaîne principale du Balkan prend la dénomination de Buluk-Balkan, ou bien celle de Emineh-Dagh, dans toute cette étendue de terrain. Elle laisse au nord le Kamezik et se termine à la mer Noire près du golfe de Missivri ou Messembria.

Le contre-fort qui sépare les deux Kamezik se nomme Kutschuk-Balkan.

Des vallées parallèles, qui sont au midi de la chaîne principale du Balkan, sortent le Nadir qui tombe dans le golfe de Messembria, et le Demendère, désigné postérieurement sous le nom de Aidos, qui verse ses eaux dans le golfe de Burgas.

Le contre-fort qui sépare ces deux torrents s'appelle pareillement Kutschuk-Balkan.

La largeur du massif qui s'étend de Schumla à Karinabad est d'environ quinze lieues.

Le Balkan est généralement boisé et tapissé de prairies très-fertiles jusqu'à ses sommités qui ont la plupart la forme de larges plateaux. Il pourrait être mieux cultivé sur ces plateaux. Les vallées renferment un nombre considérable de villages. Le sol produit de l'orge, du seigle, du vin et des arbres fruitiers, et cela même sur les points les plus élevés, qui sont tous habités. On trouve, par exemple, sur la route de Schumla, vers Karinabad et sur le plateau de la chaîne principale, dans une vallée assez large, autour du village de Dobrol qui a soixante maisons, des vignes et des arbres fruitiers, notamment des cerisiers. Ce village a ordinairement une petite garnison turque.

Au midi du Balkan, et entre la Maritza et la mer Noire, court un rameau désigné sous le nom de Strandja ou Stantsches-Dagh et même de Kutschuk-Balkan qui se termine vers le Bosphore au nord de Constantinople.

La route principale, par Fakih et Kirklissa, traverse ce rameau à l'endroit de sa plus grande hauteur, entre ces deux villes, et elle est coupée dans cet intervalle par plusieurs torrents qui versent leurs eaux dans la Maritza et l'Erkene. C'est le passage le plus difficile; la route, au rapport des voyageurs, est cependant toujours praticable sur le Balkan pour les voitures qui y peuvent même rouler avec célérité [1].

Les environs de Karinabad, qui est adossé au rameau dont il a été parlé plus haut, ainsi que ceux de Fakih, sont beaux, fertiles et très-bien cultivés, particulièrement vers les vallées de la Maritza et de l'Erkene. A l'est de la route prin-

---

(1) Voir les observations sur les routes qui conduisent du Danube à Constantinople à travers le Balkan ou le mont Hæmus par le général comte de T. Broch., in-8 de deux feuilles.

cipale, le rameau de Strandja, ainsi que la surface de tout le pays , s'incline vers la mer Noire.
La route, par Wisa à Constantinople, est encore plus montueuse que les contrées à l'ouest
de la route principale, mais plus on avance vers
Constantinople, plus les montagnes s'abaissent
et s'épanouissent en collines fertiles et habitées.

Il résulte de tout ce qui vient d'être dit sur
la nature du théâtre de la guerre et de la direction des rivières, que les Russes ne rencontreront
point d'obstacles naturels avant leur arrivée au
Balkan, et qu'en général ces montagnes ne sont
ni aussi âpres, ni aussi étendues qu'on le croit
communément.

La Parawadi et les deux Kamezik, seules rivières qui coupent les lignes d'opération, ne
sont pas des barrières formidables, et peuvent
être passées sans difficulté dans la bonne saison,
c'est-à-dire hors les temps pluvieux.

Rien ne montre que le passage des diffé-
rentes branches du Balkan oppose des obstacles
insurmontables. Il a déjà été fait mention de
celui de Schumla sur Karinabad qui est le plus
fréquenté, celui de Parawadi à Aidos doit être encore plus commode. On n'a, à la vérité, aucune
donnée exacte sur les routes qui suivent le littoral; cependant, d'après la nature du pays, montagneux en général, il est probable qu'elles sont

praticables. Il en est de même des passages à l'ouest de Schumla.

Quant aux obstacles créés par l'art, et notamment aux places fortes, il s'en trouve dans l'intérieur moins que vers le nord de ce théâtre de guerre, et cela sur les deux versants du Balkan.

Du temps des Romains, la Dobruscha était séparée du reste du pays par la muraille de Trajan, dont il a déja été fait mention. Les ruines de ce mur, construit pour garantir l'empire contre l'incursion des Barbares, existent encore. Ce retranchement suit, sur une étendue de douze lieues, un bas-fond où le Danube doit avoir coulé jadis dans une direction continuée à l'est vers la mer Noire. Ce bas-fond est encore maintenant rempli d'eau. Cependant, il n'est jamais venu dans l'idée aux Turcs de tirer parti, sous le rapport militaire, de cet accident de terrain.

Au surplus, comme on peut passer le Danube plus haut que la muraille de Trajan, cette ligne ne procurerait pas aux Turcs d'aussi grands avantages que ceux que doit fournir la défense immédiate du Danube par les places, aussitôt que les Russes ont passé ce fleuve au-dessus de Rassowa.

Les seules places tenables en quelque sorte, dans le pays de Dobruscha et en Bulgarie, sont :

1° Bababag, situé au milieu des marais ; 2° Bazardsjik, sur la route principale : cette place fut défendue long-temps par les Turcs, en 1810 ; les Russes y perdirent quinze cents hommes dans un assaut ; 3° Gœlgrad ou Kræpusti, petite forteresse sur la côte nord de Varna ; 4° Gen-Bazar, petite place assez bien fortifiée, qui est sur la communication de Schumla à Parawadi et Varna ; 5° Tirnowa, placée sur la Yatra, ancienne ville capitale de la Bulgarie, est susceptible d'une bonne défense ; elle a cinq portes et un grand château ; 6° Osman-Bazar commande le passage dans cet endroit du Balkan et se trouve placé sur la communication de Tirnowa à Schumla ; 7° enfin Schumla, tant à cause de sa grandeur (il contient cinq mille maisons et trente mille habitants) que par sa position au pied du Balkan, sur un terrain montagneux et coupé qui rend l'attaque très-difficile, est le seul point vraiment tenable et de grande importance dans l'intérieur de la Bulgarie ; il est considéré comme la clef du Balkan.

Dans les anciennes guerres, comme dans les modernes, Schumla a toujours été le camp de rassemblement des Turcs, leurs Thermopyles pour ainsi dire, et dans les dernières guerres il fut le *non plus ultrà* des Russes.

Ce n'est pas sans raison que Schumla est regardé comme un point stratégique de premier ordre, car il se trouve à l'embranchement des routes principales au nord du Balkan ; toutefois, il est plus redevable de sa renommée à la nature du site qu'il occupe qu'à la valeur réelle de ses fortifications. Ce sont les localités qui permettent de tirer tous les avantages de sa position géographique.

Ses fortifications consistent en un mur terrassé, revêtu de briques et flanqué de petites tours massives, capables de contenir six hommes de front, lequel est entouré d'un fossé. Cette ville ainsi disposée se trouve au centre d'un camp retranché sur les hauteurs environnantes. Ces hauteurs sont en pente raide, garnies de broussailles épineuses, épaisses, et entrecoupées de vallons. Ces accidents de terrain, très-favorables à la manière de combattre des Turcs, et le grand développement de Schumla, qui a à peu près une lieue de longueur sur une demi-lieue de largeur, rendent aussi difficile l'investissement que l'attaque.

La ville est à l'abri d'un bombardement ; il y a assez d'espace pour renfermer tout ce qui peut être nécessaire à une armée ; la culture des vignobles et des jardins peut même n'être pas interrompue entre la ville et le camp retranché. L'eau potable y est abondante. Les ouvrages du camp

consistent dans un fossé avec des flancs tres-
courts et perpendiculaires, dont l'ensemble forme des lignes brisées. L'aile droite est appuyée
à la ville; l'aile gauche, ayant la forme d'une
redoute ouverte à la gorge, s'appuie à une hauteur en pente raide. Un intervalle non couvert,
de deux mille cinq cents pas, s'étend entre cette
redoute et les murs de la ville.

En avant de l'aile gauche, on voit quelques
châteaux, et entre eux et le retranchement il y a
une hauteur en pente rapide, que l'on nomme
Grottenberg. Le ruisseau de Tekie-Back coule
devant le front du camp.

Le 23 et le 24 juin 1810, le général russe Kamenskoi dirigea sa principale attaque sur les retranchements de l'aile gauche; les Turcs mar-
chèrent à la rencontre des assaillants. Les deux
partis pivotèrent autour du Grottenberg, qui fut
enlevé par les Russes. Malgré ce succès, ils ne ha-
sardèrent pas une attaque générale, et repassè-
rent même le 25 juin le Tekie-Back. Depuis ce
moment l'attaque fut convertie en un investissement, car les Russes débordèrent l'aile droite du
amp, et s'établirent sur la route de Constantinople presque derrière les Turcs. Le projet de
les affamer échoua; il arriva aux Turcs un con-
voi considérable par la route d'Andrinople : finalement l'investissement cessa le 8 juillet, parce

que les Turcs réunirent des forces considérables aux environs de Rudschuck, et que les Russes furent obligés de s'y porter.

Ce qui vient d'être dit suffit pour faire connaître les moyens de défense de Schumla. Il y a tout lieu de croire que les Turcs les ont augmentés, pour en former leur principale position. Il suit cependant de ce qui a été indiqué plus haut sur les communications du Balkan, qu'il n'est pas absolument nécessaire de passer à Schumla pour s'avancer sur Constantinople.

Le grand visir agit donc très-prudemment, en 1810, de conserver cette position, et de ne pas témoigner d'inquiétude d'avoir été débordé par l'armée russe. Il y tint même plus long-temps que les ennemis.

Mais, si jamais les Russes se trouvaient plus assurés sur leurs derrières qu'ils l'étaient alors, et qu'ils fussent assez forts pour laisser un corps d'observation devant Schumla, tout en poursuivant leur offensive, l'influence de cette position serait en quelque sorte neutralisée.

La continuation de l'offensive, par le Balkan, peut avoir lieu, soit en passant très-près devant Schumla ou de Bazardsjik par Parawadi et en même temps par Varna : dans ce cas, le mouvement s'exécuterait en deux colonnes.

Au surplus, Schumla pourrait aussi être tourné du côté de l'ouest par les routes qui conduisent à travers le Balkan. Mais il faut être maître des places du Danube pour y établir sa base, à moins qu'on ne détache des petits corps isolés sur ces routes du Balkan, à dessein d'inquiéter les derrières de l'armée turque campée autour de Schumla, et de lui couper les convois. Quant à la possibilité d'enlever avec ces corps Andrinople par surprise, les circonstances seules doivent en décider.

Si l'on n'avait pas une bonne base sur le Danube, les routes de Warna et Parawadi, pour la principale opération, seraient d'autant plus avantageuses que, par ce moyen, l'armée serait en communication avec la flotte.

On ne peut arriver à Karinabad, qui est dans la Romélie à trois à quatre marches de Schumla, et douze de Constantinople, sans avoir traversé le Balkan.

Cette ville et celle de Karabunar sont les points de réunion des routes principales, venant de Silistrie, Schumla et Parawadi. Karabunar se trouve presque à la hauteur et à six lieues de Burgas.

De cette ville l'armée principale, qui dans tous les cas doit se réunir près de Karinabad ou de Karabunar, premier point stratégique de la marehe en avant, peut se pourvoir à Burgas de tout ce qui lui est nécessaire. Alors la marche sur Constantinople serait poursuivie par l'armée principale sur la grande route jusqu'à Kirklissa, tandis qu'un corps latéral le porterait à droite dans la vallée inférieure de la Maritza vers Andrinople, et l'autre à gauche longerait la côte.

Dans ces contrées il ne se trouve aucun obstacle artificiel, et les villes que l'on rencontre par-ci par-là n'ont qu'une simple chemise : telles sont Tatar-Bazar (ou Tatar-Bazardsjik), situé au point où sur la Maritza commence à devenir navigable ; Selimnia, et Wisa avec une citadelle qui tombe en ruine; Kirklissa qui se trouve, d'un côté, à la même hauteur d'Andrinople, et de l'autre, de Wisa et du port de Wadia qui en est tout près.

Une entreprise sérieuse contre Constantinople, où l'armée principale peut aisément s'avancer sur deux colonnes, exige qu'on soit maître de la ligne d'Andrinople à Wadia comme dernière base d'opération.

Andrinople est trop grand, trop populeux, et relativement trop fort, pour qu'on puisse, sans en avoir fait la conquête, penser à diriger une attaque directe sur Constantinople.

On aurait tort de s'imaginer que les corps de

droite fussent suffisants pour s'emparer de Constantinople ; mais si l'on voulait atteindre ce but,
sans arrêter l'armée principale, en tombant
sans perte de temps sur la ville capitale, il faudrait pour le moins bloquer Andrinople avec un
corps considérable, afin de contenir tous les
mouvements militaires à l'ouest.

Quant à Constantinople, il faut dans tous
les cas s'attendre à une résistance opiniâtre, surtout tant que sa communication avec l'Asie ne
sera point fermée. Il est évident d'ailleurs que
l'attaque doit être soutenue aussi du côté de la
mer. N'attaquer Constantinople que du côté de
terre, c'est prendre le taureau par les cornes :
une attaque combinée par mer et par terre
éprouvera de grands obstacles, car cette ville,
renfermant une grande masse d'habitants et les
moyens de guerre nécessaires, tiendra vraisem-
blablement aussi long-temps que les subsistances n'y manqueront pas.

La population de Constantinople, avant la
guerre, était évaluée à six cent mille ames environ, y compris les Grecs. Dans ce nombre se
trouvent trois cent mille Musulmans, cent mille
Grecs, soixante mille Arméniens, trente mille
Juifs ; le restant se compose d'Européens étran-
gers (Francs).

Mais les habitants non musulmans, les Grecs

surtout, doivent être beaucoup moins nombreux depuis 1821. Les Arméniens ont été chassés récemment. Par compensation, l'on peut admettre que le nombre des Musulmans s'est beaucoup augmenté par la population militaire arrivée des provinces asiatiques.

Au reste, la défense de cette capitale se trouvera toujours confiée à quelques centaines de milliers de Musulmans (1).

L'on pourra juger du degré de résistance que peut opposer cette grande ville, eu égard à sa position et à ses fortifications, par la courte description que voici.

Constantinople (2) est bâti sur une langue de

(1) Voyez, pour les dispositions probables de défense de cette capitale, l'intéressante brochure publiée en 1822, par le capitaine d'artillerie Pertusier sous le titre de *la Capitale de l'empire ottoman sous le point de vue militaire.*

(2) A côté de cette description, nous croyons devoir présenter un fragment de celle qui a été donnée par M. Pertusier, qui nous a paru plus militaire et plus exacte. « Cette capitale, « sans contredit la plus remarquable de l'Europe par son ori- « ginalité et son heureuse position, couvre en entier une pé- « ninsule qui a cinq milles de longueur et autant de largeur, « mesure prise à la gorge. Fortement accidentée, cette pres- « qu'île présente une crête avec six dépressions bien expri- « mées et deux versants qui se rejoignent à la pointe du sérail, « où la crête vient s'abaisser par des dégradations successives. « Le pourtour entier de l'enceinte peut être évalué à quinze « milles au moins. Sa forme est triangulaire. Baignée d'un côté « par les eaux du port, et de l'autre par la Propontide, elle

terre terminée en arc de cercle, et entouré à
l'ouest par la mer de Marmara, et au nord par
un golfe sur le canal. Ce golfe, qui s'enfonce de
trois mille toises dans l'intérieur des terres, forme
un excellent port de guerre et de commerce,
dans lequel douze cents navires trouvent com-

« suit les bords de la Péninsule qu'elle ferme d'une triple mu-
« raille à la gorge. Sa hauteur est de trente pieds environ.
« Elle est découpée en crénaux et flanquée de tours espacées
« de vingt-cinq à trente toises. Ces tours ne dominent point
« les courtines sur toute l'étendue de l'enceinte maritime.
« Le contraire a lieu du côté de la terre, où d'ailleurs la troi-
« sième muraille a 45 pieds au moins et les tours une quinzaine
« de pieds en plus. La seconde est ramenée à la hauteur du
« pourtour général. Quant à la première, incomparablement
« plus basse et dépourvue de tours, elle peut être prise
« comme un exemple du mur extérieur, ou chemin couvert
« décrit par Æneas le tacticien. Le nombre des tours distri-
« buées sur toute l'enveloppe est d'environ quatre cents.

   « Un fossé en partie comblé et rendu à la culture règne sur
« toute la largeur de l'isthme ; la mer en tient lieu sur le reste
« de l'enceinte, mais la triple muraille est dominée par un ri-
« deau continu, dont le commandement est même très-pro-
« noncé au village de Topchilar ; d'un autre côté, la portion de
« l'enceinte, baignée par les eaux de la mer et du port, se
« trouve jouir d'un fossé qu'il est permis de regarder comme
« impraticable et qui la met hors d'atteinte relativement au
« tir en brèche et aux surprises, ou du moins qui doit lui inspi-
« rer une grande sécurité sous ces deux rapports. L'attaque,
« comme on peut en juger, n'a pas à choisir ; par conséquent
« c'est du côté de l'Isthme que la défense doit rassembler ses
« plus grands efforts... »

modément leur place. Sa largeur est de cent à quatre cents toises (1).

Cette ville, du côté de la campagne, est fermée par un double mur d'environ un mille de développement. L'extrémité de ce double mur aboutit à la mer de Marmara, et l'autre au nord s'étend jusqu'au port.

Ici le mur présente un saillant en forme de demi-bastion dont la face droite s'arrête au port.

Les murs sont bâtis en grande partie en belles pierres de taille. Le mur intérieur a dix-huit pieds de hauteur, le mur extérieur n'en a que douze.

Chaque mur est flanqué par deux cent cinquante tours, distantes l'une de l'autre de dix-huit à vingt-cinq pieds ; ces tours sont disposées de manière à pouvoir être armées de bouches à feu. Celles de l'enceinte intérieure sont placées vis-à-vis de l'intervalle de celles qui sont en avant.

Le mur extérieur est entouré d'un fossé qui a vingt-cinq pieds de largeur.

Les côtés de la ville, baignés par la mer, n'ont

(1) On trouvera des détails fort intéressants dans l'ouvrage publié récemment par feu le comte Andréossi, lieutenant-général d'artillerie, ancien ambassadeur de France à Constantinople, etc., qui a pour titre : *Constantinople et le Bosphore de Thrace,* avec un atlas.

qu'un mur d'enceinte moins haut et moins fort que ceux du côté de l'isthme. Cependant il se trouve devant ce mur, soit du côté de la mer de Marmara, soit de celui du port, quelques batteries que des officiers français y ont établies. Chacune de ces batteries est armée de huit à douze bouches à feu.

Le Sérail s'élève à l'entrée du port, vis-à-vis du canal, dans la partie arrondie du terrain où est bâti Constantinople (1).

Le Sérail est situé dans la partie qui forme le cap vis-à-vis l'entrée du port et du canal; il offre l'aspect d'une petite ville renfermant plusieurs bâtiments avec cours et jardins; on y compte six mille habitants; son développement est de deux lieues, et il est entouré par des murs très-élevés et très-épais, percés de trois portes, disposées tellement qu'on ne peut entrer dans l'intérieur du Sérail sans passer par les deux autres.

Les murs du Sérail sont flanqués du côté de l'eau, par des tours carrées, et par des tours rondes vers la ville.

Les murs du côté de l'eau sont aussi garnis

____

(1) Voir l'ouvrage précédemment cité de M. le lieutenant-général Andréossi, page 14. On y trouve l'historique du Sérail. Voir aussi le plan de Constantinople, publié par F.G. Levrault.

d'un parapet en pierre et armés de plusieurs batteries.

Les canons, braqués dans une direction à fleur d'eau, n'ont point d'affût; il y a toujours cinquante bouches à feu prêtes à tirer pour les réjouissances.

Le vieux sérail, beaucoup plus petit que l'autre, se trouve plus à l'ouest; il est entouré aussi d'un mur élevé, c'est-là qu'habitent les femmes délaissées du sultan et les derviches de la sultane.

Les Sept-Tours, réunies entr'elles par un fort mur, forment une espèce de citadelle, et sont situées à l'intérieur de l'extrémité méridionale du mur d'enceinte de la ville du côté de la campagne. Trois de ces tours ont été renversées par un tremblement de terre, et n'ont point été réparées.

Constantinople est comme Rome bâti sur sept collines; il a vingt-six portes, sept du côté de terre, six vers la mer et treize donnant sur le port.

Hors de la ville il y a quinze faubourgs, dont une partie sont placés du côté nord du port; une autre partie s'étend au nord et à l'ouest de la ville.

Vis-à-vis de l'entrée du port, près des côtes de l'Asie et dans le voisinage de Skutari, se trouve, sur un rocher nu, la tour dite de Léandre, désignée par les Turcs sous le nom Ketzguala ou Kitzkulessi ; on s'en sert pour les signaux et elle est fortifiée. Son artillerie bat l'entrée du port, le canal, le Sérail, Skutari, et les faubourgs de l'autre côté du port comme Pera, Galata, Tophana, et Demitri.

Pera et Galata, tout près du port, sont principalement habités par les ambassadeurs européens et par les Francs. Demitri, qui est plus dans l'intérieur du pays, est le quartier des Grecs.

Dans le faubourg de Tophana, situé sur le canal, se trouvent les fonderies, l'arsenal, les casernes de l'artillerie et autres établissements militaires.

A l'exception de Galata, qui est entouré d'un mur, les autres faubourgs sont tous ouverts ; ceux qui sont du côté de la ville de Constantinople font face au continent, ainsi que plusieurs villages et un grand nombre de fermes situées, soit près du mur d'enceinte, soit à une portée de canon du même mur.

Le terrain qui environne la ville de ce côté s'élève, et est entrecoupé de fonds marécageux qui en rendent l'accès difficile.

Cette espèce de terrain est très-favorable à la manière de combattre des Turcs qui, pour se défendre, prennent toujours l'offensive.

Le faubourg d'Ejub, situé au nord-ouest de la ville, est sous ce rapport très-avantageusement situé pour les Turcs; il s'étend vers le nord le long du port qui se rétrécit en cet endroit; il est pareillement entouré de ravins marécageux, ainsi que de hauteurs et de plusieurs villages.

A l'est de toute cette portion de terrain, on voit le Kydary et le Barbisis qui après leur jonction portent le nom d'Hydrale; ce ruisseau va décharger ses eaux dans le port; à l'ouest coule un ruisseau qui passe dans la ville. Cette position est très-bonne pour l'assiette d'un camp retranché, dont le village de Topdschileukeui, bâti sur une élévation, peut être considéré comme la clef; l'aile gauche du camp s'appuierait aux murs de la ville.

Plus en avant se trouve la vaste plaine de Daudpacha, où le grand-seigneur passe ordinairement en revue les troupes avant d'entrer en campagne. Comme cet emplacement est le seul terrain plat à proximité de la ville, qui soit propre à la cavalerie, l'on doit s'attendre qu'il sera le théâtre des sorties fréquentes des Turcs. Mahomet IV transféra sa résidence à Daudpascha, lorsque Constantinople lui devint odieux par les insurrections continuelles de ses habitants. L'on voit encore son sérail dans ce village.

La possession du faubourg d'Ejub paraît indispensable pour attaquer Constantinople; en effet, c'est ici qu'on peut trouver le point d'attaque le plus convenable, car, comme on l'a déjà vu les murs de la ville ont de ce côté une saillie vers la campagne en forme de bastion. Ajoutez que les attaques de la gauche peuvent être appuyées au port; et que de ce point des lignes les plus courtes portent vers les parties les plus peuplées de la ville et du Sérail, que l'on peut considérer comme une espèce de citadelle. Finalement l'attaque peut être combinée ici avec celle que l'on dirigerait du côté du port.

Si l'on voulait ne pas s'occuper du faubourg d'Ejub, les Turcs prendraient en flanc l'attaque dirigée vers le midi, et d'après leur manière de combattre, l'inquiéteraient très-fortement.

Une telle attaque, par exemple, pourrait être dirigée contre la porte Topkapessi (*porta Romani*), puisqu'ici le mur de la ville forme un angle saillant très-ouvert; c'est par cet endroit que les Turcs, en 1453, pénétrèrent dans la ville. La faible garnison de la place, forte de six mille hommes, s'était restreinte à la défense de l'enceinte. C'est pour ce motif que cette porte pourrait toujours être attaquée après la prise

du faubourg d'Ejub, dont la position est surtout très-avantageuse pour une citadelle.

Un des désavantages marqués de la défense
de Constantinople, contre un attaque du côté
de terre, tient à ce que la ville tire son eau
potable des sources qui jaillissent de la montagne de Strandjar, qui en est éloignée de cinq
à six lieues : en effet, la ville reçoit ses eaux par
des aquéducs dont la construction date du
temps de l'empire des Grecs, et qui sous une ap-
parence de grossièreté cachent beaucoup d'art
dans leur construction (1).

Trois conduits d'eau arrivent d'un endroit qui
est éloigné de sept milles de Burgas, ville au
bord de la mer sur la route d'Andrinople ; un
quatrième conduit sort de l'Hydrale et entre
dans la ville sous le nom de canal d'Ejub.

Quoiqu'il résulte de ces remarques que Constantinople manque de fortifications systémati-
ques, ce serait une grande erreur de calculer la
résistance de cette capitale d'après les principes
rigoureux de l'attaque des places. Nous avons
déjà dit quelle énergie les Turcs savent déployer
en défendant les plus mauvaises places. Néan-

(1) Voir la description de ces aquéducs dans le traité sus-
énoncé du lieutenant-général Andréossi : les détails se trouvent à la page 278 ; et le plan de Constantinople par
F. G. Levrault.

moins il faut prendre aussi en considération le grand développement de Constantinople, qui certes est un obstacle majeur lorsqu'il s'agit de sa défense.

Ici se présente encore une autre particularité : les quartiers isolés, principalement le Sérail et les palais des grands, dont la plupart se trouvent dans la partie septentrionale de la ville, sont à considérer comme autant de petites places fortes que les Turcs chercheraient sans doute à défendre, lors même que l'ennemi aurait déjà pénétré dans la ville.

Il faut donc s'attendre à une lutte sanglante et opiniâtre dans l'intérieur même de la ville avant de pouvoir compter sur la possession réelle de Constantinople ; cette capitale serait ruinée de fond en comble, si la faim et le manque d'eau n'obligeaient pas les Turcs à une reddition générale.

La réunion de tous ces documents suffirait pour établir l'opinion qu'une guerre d'invasion contre la Turquie souffrirait moins de difficultés de la part des Russes que de la part des Autrichiens ; cependant, quand même les Turcs renonceraient pour ainsi dire à défendre le pays, ou ne le défendraient pas à outrance on ne saurait douter qu'ils ne défendent Constantinople.

Au reste, pour entreprendre une guerre d'invasion il faut déployer de grands moyens; mais ces moyens sont limités par les difficultés que l'on trouve à se procurer les subsistances et à assurer les convois de ravitaillement. On sait qu'une armée, dans une guerre d'invasion, ne s'alimente qu'au moyen d'un système de réquisitions; mais, sur ce théâtre de guerre, on ne trouverait que ce que les habitants n'auraient pu détruire; ils abandonneraient leurs foyers pour se réfugier dans les villes qu'ils chercheraient sans doute à défendre.

Lorsqu'une armée aurait pénétré jusqu'à Constantinople, elle aurait peut-être à lutter contre de plus grands obstacles encore, soit pour contenir le pays conquis, soit pour assurer ses derrières et son flanc droit, soit enfin pour se procurer des subsistances. Il deviendrait indispensable d'établir des places de débarquement pour la sûreté des arrivages par mer.

La force de l'armée d'invasion ne peut guère dépasser deux cents mille hommes; de cette quantité l'on en pourrait compter soixante mille pour la ligne d'opération le long du Danube. Si ce corps est en même temps assez nombreux pour protéger puissamment l'insurrection de la Servie, cela causera beaucoup d'embarras aux Turcs, qui seront obligés d'y envoyer des forces considérables.

Mais alors il ne resterait plus que cent quarante mille hommes pour opérer sur Constantinople, dont quarante mille, pour le moins, sont nécéssaires pour observer Schumla et avoir un corps latéral agissant à l'ouest sur le Balkan ; il ne resterait donc que cent mille hommes à la principale armée. Cette masse n'arriverait pas intacte jusqu'à Constantinople, car l'on doit faire entrer en ligne de compte la perte qu'on éprouverait dans une ou deux batailles et dans les combats partiels, par les garnisons, par les malades, etc.

Les malades seront en grand nombre, soit à cause du climat auquel l'on n'est point accoutumé, soit à cause du manque d'eau potable ou de sa mauvaise qualité ; nous ne voulons pas faire mention du danger de la peste.

Si on réussissait par des manœuvres à éloigner les Turcs de Schumla, ou si l'on faisait la conquête de cette ville, l'on pourrait, faire avancer la majeure partie du corps laissé en arrière ; mais, dans les suppositions les plus favorables, on n'arriverait devant Constantinople qu'avec cent mille combattants au plus. Or cette masse d'hommes n'est pas suffisante pour faire la conquête d'une ville de cette importance, et pouvoir s'y maintenir ; mais peut être serait elle déjà trop forte pour être entretenue et alimentée convenablement dans le pays.

Finalement, on ne sait pas jusqu'à quel point le gouvernement réussirait à exciter l'enthousiasme des Musulmans et à les faire lever en masse pour la défense de l'empire.

Quant à ce qui concerne les nouvelles institutions militaires et la récente organisation sur le pied européen de ses troupes, il ne paraît pas que les Turcs y puissent beaucoup compter.

L'introduction de ces nouveaux principes, dans les armées turques, est encore de trop fraîche date ; ces éléments sont trop neufs et n'ont pu encore pénétrer assez avant dans les mœurs de la population turque, pour recueillir dès à présent des fruits salutaires de la réforme. Il paraît même que si la vivification des éléments qui existent encore, et qui reposent sur les mœurs, l'opinion et la religion du peuple, amenait une résistance générale et opiniâtre, elle ne s'accroîtrait jamais au-delà de la durée des forces matérielles et morales de l'empire russe.

Les Turcs d'aujourd'hui ne sont plus ceux du temps de Mahomet, et les Russes actuels ne ressemblent guère à ceux du siècle de Pierre-le-Grand ! Le caractère originel des deux peuples a totalement changé. Il n'existe vraiment plus.

Les circonstances politiques, à la faveur desquelles les Turcs devinrent un peuple conquérant, et auxquelles ils ont été redevables de leur civilisation et de leur grandeur, sont passées pour jamais.

Cette nation brilla à la décadence de l'empire grec ; mais, quand Pierre-le-Grand parut la première fois sur les frontières turques, l'empire ottoman penchait vers son déclin. Depuis lors les Musulmans ont constamment perdu de leur puissance et n'ont rien acquis en civilisation. Les Russes, au contraire, ont constamment reculé les bornes de leur empire et de leurs connaissances. On peut facilement prévoir le résultat de la lutte qui s'engage. La Russie atteindra son but, l'empire ottoman aura le sort qui lui est assigné. Que l'instant de ce dénouement arrive plus tôt ou plus tard, cela est indifférent : mais la civilisation parviendra au sud-est de l'Europe, non par les Turcs, mais par les Européens.

SOUS PRESSE.

A LA LIBRAIRIE DE F. G. LEVRAULT.

THÉATRE DE LA GUERRE EN GRÈCE, par M. F. DE Cì-
riacy, major au service de Prusse.

Cet ouvrage, traduit par M. le général *Ravichio*, paraîtra
très-prochainement.

On trouve à la même Librairie :

**DESCRIPTION GÉOGRAPHIQUE ET HISTORIQUE DE
LA TURQUIE D'EUROPE**, par ordre alphabétique,
pour suivre les opérations de la guerre actuelle, in-8. 3 fr.

CARTE DE LA TURQUIE D'EUROPE, d'après les meilleures cartes et les documents les plus récents. Deux feuilles
grand colombier. Prix 6 fr. et coloriée . . . . 8 fr.

CARTE DE LA MORÉE AU 500,000^e, avec les plans
des principales villes, d'après les meilleures cartes et les documents les plus récents. Une feuille grand-colombier
Prix 3 fr. et coloriée . . . . 4 fr.

PLAN DE CONSTANTINOPLE, avec ses faubourgs et
Scutari d'Asie, au 20,000. une feuille grand raisin.
Prix 2 fr. et colorié. . . . . 2 fr. 50 c.

www.ingramcontent.com/pod-product-compliance
Lightning Source LLC
Chambersburg PA
CBHW061553080726
47597CB00003BA/1052